Terra à vista!

Nas ondas da
HISTÓRIA

Para as sempre queridas Heloísa Ramos e Fanny Amado.

Terra à vista!

A viagem de Cabral ao Brasil e à Índia

Janaína Amado

Luiz Carlos Figueiredo

3ª edição – reformulada
conforme a nova ortografia

Atual Editora

SARAIVA S.A. Livreiros Editores
Rua Henrique Schaumann, 270 — Pinheiros
05413-010 — São Paulo — SP
Fone: (0xx11) 3613-3000
Fax: (0xx11) 3611-3308 — Fax vendas: (0xx11) 3611-3268
www.editorasaraiva.com.br

Dados Internacionais de Catalogação na Publicação (CIP)
(Câmara Brasileira do Livro, SP, Brasil)

Amado, Janaína
Terra à vista!: a viagem de Cabral ao Brasil e à Índia/Janaína Amado, Luiz Carlos Figueiredo. – 3. ed. reform. – São Paulo: Atual, 2013. – (Coleção nas ondas da história)

ISBN 978-85-357-1573-6
ISBN 978-85-357-1574-3 (professor)

1. Cabral, Pedro Álvares, 1467 ou 68 - 1520? 2. História (Ensino fundamental) I. Figueiredo, Luiz Carlos. II. Título. III. Série.

13-04455 CDD-372.89

Índices para catálogo sistemático:
1. História: Ensino fundamental 372.89

Coleção *Nas Ondas da História*

Créditos da nova edição

Gerente editorial: Rogério Carlos Gastaldo de Oliveira
Editora-assistente: Solange Mingorance
Auxiliares editoriais: Flávia Zambon, Amanda Lassak e Laura Vecchioli
Estagiária: Gabriela Damico Zarantonello
Pesquisa iconográfica: Luiz Carlos Figueiredo/Cristina Akisino/ Iron Mantovanello
Produção editorial; diagramação; projeto gráfico; preparação e revisão de texto; mapas; ilustrações e capa: Conexão Editorial
Suplemento de atividades: Janaína Amado e Luiz Carlos Figueiredo
Fotos da capa: Da esquerda para a direita:
Cabo da Boa Esperança, em um mapa de 1576. – Album/akg-images/Rabatti-Domingie/Akg-Images/Latinstock
A elevação da cruz, de Pedro Peres, 1879. – Museu Nacional de Belas Artes, Rio de Janeiro
Grupo de indígenas em gravura de Theodore de Bry, de 1592. – The Bridgeman Art Library/Keystone
Baía e ilha de Moçambique, em mapa de 1596. – Akg-Images/Latinstock
Ataque de portugueses e tupiniquins às cabanas tupinambás, de Theodore de Bry, c. 1592. – The Bridgeman Art Library/Keystone
Detalhes do litoral brasileiro, em um mapa de 1519. – Departamento de Cartas e Planos da Biblioteca Nacional

3ª edição / 1ª tiragem – 2025
Impressão: Forma Certa Gráfica Digital
Código da OP: 286574

Visite nosso *site*: www.atualeditora.com.br
Central de atendimento ao professor: 0800-0117875

Sumário

Pedro Álvares Cabral, Biblioteca da Academia de Ciências de Lisboa

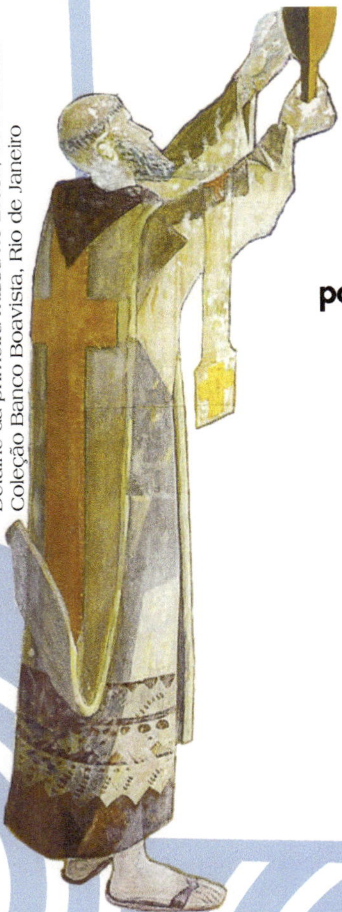

Detalhe da primeira missa no Brasil, de Portinari. Coleção Banco Boavista, Rio de Janeiro

1. De Vasco da Gama a Cabral

[A Índia] tem rubis, diamantes tais que não têm preço ou quantia, esmeraldas mui reais, pérolas de mui grande valia!

(Garcia de Resende. *Miscelânea*, século XVI.)

Em seus versos, o poeta Garcia de Resende expressa o entusiasmo que tomou conta de Portugal desde o dia 10 de julho de 1499, quando chegou, em Lisboa, *Bérrio*, a caravela comandada por Nicolau Coelho. A pequena *Bérrio*, da frota de Vasco da Gama, fora o primeiro navio a completar uma longuíssima viagem com a qual muitos europeus haviam sonhado, embora nenhum até então a houvesse realizado: ir e voltar, pelo mar, da Europa até a Índia!

Rica Índia

Os portugueses haviam atingido a Índia em maio de 1498, 10 meses após sua partida de Lisboa, depois de navegar cerca de 18.000 quilômetros (boa parte no desconhecido oceano Índico), enfrentando doenças, sede, fome, frio e um medo que gelava os corações. Mas valera a pena.

Nos portos indianos, sempre abarrotados de navios de várias partes do mundo, nas suas superpovoadas e fervilhantes cidades, onde, em grandes tendas armadas em plena rua, se negociava quase tudo, os portugueses haviam encontrado um dos maiores e mais ricos centros comerciais de todo o planeta. Ali se vendiam a preços baixos produtos finos, como pérolas, pedras preciosas, porcelanas, sedas, louças e joias, além, é claro, das cheirosas, valiosas e saborosas especiarias, que, usadas para diversos fins – temperar e conservar alimentos, fabricar remédios, perfumes e incensos –, eram, então, muito valorizadas na Europa.

Caminhos para a Índia

O caminho marítimo para a Índia (pelos oceanos Atlântico e Índico), recém-descoberto pelos portugueses, representava um roteiro comercial relativamente rápido, direto e barato até a Ásia. As rotas até então existentes combinavam longos trechos terrestres com percursos pelo mar Mediterrâneo. Elas envolviam grande número de intermediários (indianos, árabes, africanos do norte, venezianos, etc.), o que fazia os produtos indianos chegarem à Europa com preços muito altos.

Com a viagem de Vasco da Gama, os portugueses pretendiam tornar-se os únicos intermediários do lucrativo comércio entre Índia e Europa, superando assim as cidades europeias que até então se dedicavam a essa atividade, como Veneza e Gênova. Para assegurar a vantagem portuguesa no Oriente, o rei D. Manuel mandou organizar logo uma grande e poderosa esquadra, bem maior do que a de Vasco da Gama, para retornar à Índia. Seu comando foi entregue a Pedro Álvares Cabral.

Grande festa da partida

Em um domingo, 9 de março de 1500, o povo de Lisboa encheu as ruas para a despedida dessa esquadra. Antes, houve solene cerimônia religiosa, com missa na igreja de Nossa Senhora de Belém – no Restelo, a 6 quilômetros de Lisboa –, à qual estiveram presentes o rei, sua família e toda a corte. Depois, formou-se grande procissão até a praia. Todos os capitães beijaram a mão do rei e se despediram. Começava a segunda grande viagem marítima jamais feita, desde Portugal até a Índia.

Comércio em Goa, cidade costeira da Índia, em uma gravura holandesa de 1614.

Johannes Baptista van Doetechum. Luca Tettoni/The Bridgeman Art Library/Keystone

2. Formosa e poderosa armada

"A mais formosa e poderosa armada" até então organizada em Portugal, como a denominou, no século XVI, o cronista João de Barros, compunha-se de 13 navios. Embora não se tenha um conhecimento detalhado a respeito, sabe-se que estavam equipados para um ano e meio de viagem e tinham cerca do dobro do tamanho das embarcações anteriores, para poder transportar muita carga: a maior era do Cabral, pesando cerca de 300 toneladas. A tripulação compunha-se de cerca de 1.500 pessoas.

Funções na esquadra

A esquadra de Cabral incluía enorme variedade de pessoas, que exerciam diversas atividades em mar e terra: marinheiros, missionários, comerciantes, funcionários reais, intérpretes, médicos, agricultores, cientistas, artesãos, nobres, degredados*, etc.

O posto de capitão-mor da armada, o mais alto, nem sempre costumava ser ocupado por um homem habituado às navegações, pois o mais importante era que fosse alguém de total confiança do rei. O capitão-mor representava o monarca durante as viagens, as negociações comerciais e diplomáticas e as guerras. Cada navio possuía seu próprio capitão, mas quem realmente conduzia as embarcações eram os pilotos, estes, sim, eram especialistas em navegação.

* As palavras com asterisco são definidas no Vocabulário, no final do livro.

Afonso Ribeiro – Condenado à morte em Portugal, foi um dos vinte degredados da esquadra. Abandonado por Cabral no Brasil, tornou-se o primeiro habitante branco do país, com outro degredado cujo nome se desconhece. Há notícias de que voltou posteriormente a Portugal.

Frei Henrique – Frade franciscano nascido em Coimbra, celebrou a primeira missa no Brasil. Chefiava oito frades de Ordem de São Francisco que deviam pregar o cristianismo na Índia. Depois foi bispo de Ceuta e confessor do rei.

Bartolomeu Dias – Excelente navegador, primeiro europeu a contornar, em 1488, o cabo da Boa Esperança, no extremo sul da África. Acompanhou parte da primeira viagem de Vasco da Gama à Índia e comandou um navio da armada de Cabral. Morreu em maio de 1500, em naufrágio junto ao cabo que contornara dois anos antes.

Personagens da grande viagem

Homens de diferentes formações e experiências de vida viajaram com Cabral.

Desembarque de Pedro Álvares Cabral em Porto Seguro em 1500. Óleo sobre tela, de Oscar Pereira da Silva, 1902. Museu Paulista/USP, São Paulo

Gaspar da Gama – Judeu aprisionado durante a viagem de 1498 à Índia, convertido depois ao catolicismo e batizado com o sobrenome do padrinho – Vasco da Gama –, foi incorporado à expedição de Cabral como intérprete, por conhecer muitos idiomas e os costumes da Ásia.

Nicolau Coelho – Um dos mais importantes navegadores da época, comandou a nau *Bérrio*, na primeira viagem de Vasco da Gama à Índia, e foi capitão de um dos navios de Cabral. Tornou-se o primeiro português a desembarcar no Brasil.

Mestre João – Castelhano, médico e astrônomo de D. Manuel, escreveu do Brasil uma carta ao rei com importantes observações astronômicas e geográficas sobre a viagem. Foi o primeiro europeu a descrever a constelação do Cruzeiro do Sul.

Pero Vaz de Caminha – Escrivão da feitoria* portuguesa a ser fundada em Calicute, escreveu a célebre carta a D. Manuel, em 1º de maio de 1500, relatando o achamento do Brasil e descrevendo a vida dos habitantes do país. Morreu na Índia, em 1500, provavelmente durante ataque mouro à recém-fundada feitoria portuguesa.

QUEM ERA CABRAL

Pedro Álvares de Gouveia Cabral nasceu em 1467, ou 1468, na cidade portuguesa de Belmonte. Filho de Fernão Cabral, juiz, e de Isabel Gouveia, descendia de família fidalga, porém, sem fortuna. Desde jovem, atuou na corte, em Lisboa, onde estudou humanidades. Casou-se com Isabel de Castro, de família rica e muito influente – era a terceira neta dos reis D. Fernando de Portugal e D. Henrique de Castela, além de sobrinha do poderoso Afonso Albuquerque, construtor do império português na Ásia –, e teve com ela quatro filhos. O casamento abriu para Cabral o acesso às mais altas autoridades de Portugal, inclusive ao rei.

Quando foi nomeado capitão-mor da armada, com cerca de 33 anos, Cabral não possuía experiência de navegação em alto-mar. Sua indicação para o mais alto posto da esquadra deveu-se ao fato de ser leal ao rei D. Manuel, à grande importância de sua esposa na corte e à interferência do amigo Vasco da Gama, que retornara recentemente da Índia e estava no auge do prestígio.

Não há registro de outras viagens marítimas de Cabral após 1500. Seu prestígio na corte foi minguando, pois o rei não ficara contente com seu desempenho. Na viagem à Índia, o capitão-mor perdera seis navios, a metade (sem contar o navio de mantimentos) da maior armada até então montada por Portugal; além disso, o esperado acordo com o samorim* de Calicute não dera certo, e lá morreram vários portugueses. Mesmo assim, em 1502, Cabral desejava comandar a nova armada à Índia, mas Vasco da Gama, depois de muita insistência – alegando que era o comandante geral da Índia, nomeado por documento do próprio D. Manuel –, acabou conseguindo chefiar a expedição. Essa disputa gerou o rompimento das relações entre Cabral e Vasco da Gama, antes muito amigos. Desprestigiado, Pedro Álvares Cabral recolheu-se à cidade de Santarém, onde morreu, entre 1518 e 1520. Seus despojos estão sepultados nessa cidade, junto ao altar da igreja da Graça.

Pedro Álvares e o brasão da família Cabral.

Livro das Armadas, c.1568. Biblioteca da Academia de Ciências de Lisboa.

Objetivo da armada

Baseando-se no relato de Vasco da Gama, a Coroa portuguesa preferiu organizar uma esquadra fortemente armada, capaz de garantir o comércio pela força, se preciso fosse. À esquadra, decidiram os conselheiros do rei "convinha mostrar-se mui poderosa em armas e em gente luzida*", para que "os moradores daquelas partes" pensassem "que o Reino de Portugal era mui poderoso". Tinha de ser capaz de impor condições políticas, comerciais e religiosas sobre os governantes e moradores nas cidades da Índia, e de construir ali uma base sólida para a atividade comercial portuguesa no Oriente.

Os sacerdotes da expedição deviam pregar o Evangelho* entre os povos não católicos para convertê-los ao cristianismo e salvá-los do que os portugueses consideravam "rituais e costumes diabólicos". Contudo, se esses povos resistissem, deveriam ser duramente atacados em nome da fé cristã.

3. Viagem e chegada a Vera Cruz

A armada partiu do rio Tejo "com vento próspero", como se dizia em referência ao bom tempo. Conforme o previsto, cinco dias depois, em 14 de março, passou pelas ilhas Canárias. No dia 22 de março, os marinheiros avistaram as ilhas do arquipélago de Cabo Verde. Então pararam para "fazer aguada", isto é, abastecer-se de água doce, lenha e mantimentos frescos, tratar dos doentes e consertar navios. Até ali, a viagem fora um sucesso.

No dia seguinte, contudo, um acontecimento trágico abalou o ânimo de todos: uma das naus desapareceu, "sem haver aí tempo forte nem contrário para (tal coisa) acontecer", conforme registrou Pero Vaz de Caminha. Por mais que procurassem, os marinheiros não encontraram nenhum vestígio da nau, provavelmente comandada por Vasco de Ataíde. Como se dizia na época, "comeu-a o mar".

Service Historique de la Marine, Vincennes, França. The Bridgeman Art Library/Keystone

O porto de Lisboa à beira do rio Tejo, em gravura de Theodore de Bry, 1592.

Ilha de Santiago, no arquipélago de Cabo Verde, por onde passavam os navios portugueses.

A volta do mar

Reduzida a doze navios e com a tripulação desgostosa, a esquadra prosseguiu viagem. Conforme as instruções recebidas, iniciou a "volta do mar", o grande desvio para sudoeste, a fim de afastar-se do litoral africano e evitar as perigosas correntes e ventos da costa da Guiné (observe o roteiro no mapa da página 20). Os navios portugueses que se dirigiam ao sul da África seguiam essa rota, que não era a mais curta, mas a mais segura.

Terra à vista

Numa terça-feira das oitavas* de Páscoa, 21 de abril, começaram a encontrar sinais de terra: algas e ervas compridas. No dia seguinte, pela manhã avistaram aves. Nesse mesmo dia, 22 de abril de 1500, ao pôr do sol, como registrou Pero Vaz de Caminha, "houvemos vista de terra, a saber: primeiramente, de um grande monte mui alto e redondo; de outras serras mais baixas, ao sul dele; e de terra chã*, com grande arvoredos; ao qual monte alto o capitão pòs nome – o Monte Pascoal –, e à terra, a Terra da Vera Cruz".

Primeiro encontro

O primeiro encontro com os nativos deu-se numa quinta-feira, 23 de abril, dia seguinte ao da chegada dos portugueses, após os navios passarem a noite ancorados, a 36 quilômetros da costa. Pela manhã, as embarcações aproximaram-se cerca de 3 quilômetros do litoral, diante da foz de um rio, onde os portugueses avistaram, pela primeira vez, perto de oito pessoas andando na praia.

Service Historique de la Marine, Vincennes, França. The Bridgeman Art Library/Keystone

Esta gravura de Theodore de Bry, publicada em 1591, em Frankfurt, mostra indígenas andando nus num rio, com seus arcos e flechas.

Cabral enviou o capitão Nicolau Coelho, em um batel* para sondar a foz do rio. Cerca de 20 Tupiniquim aparecerem na praia, decerto muito curiosos para examinar aquela estranha gente e suas incríveis embarcações. Nicolau Coelho viu que os homens estavam "todos nus, sem nenhuma coisa que lhes cobrisse suas vergonhas. Traziam arcos e suas setas nas mãos. Vinham todos rijos* para o batel. Nicolau Coelho lhes fez sinal que pusessem (no chão) os arcos, e eles os puseram", conforme descreveu Pero Vaz de Caminha. Desde o primeiro encontro, os indígenas demonstraram hospitalidade, gentileza e intenções pacíficas para com os recém-chegados.

Sem conseguir conversar entre si, trocaram presentes: o capitão português deu aos nativos três chapéus, recebendo deles um cocar e um colar de contas miúdas. Despediram-se cordialmente.

Cabral e os dois indígenas

À noite, o vento e a chuva fortes deslocaram os navios ancorados. Na manhã seguinte, os capitães procuraram melhor local para ancorar. Após navegar cerca de 60 quilômetros pela costa, acharam um porto muito bom – o atual Porto Seguro, no sul da Bahia –, onde se instalaram.

O piloto Afonso Lopes, sondando o porto num pequeno barco, encontrou nativos a bordo de uma canoa, pescando. Tomou dois jovens "de bons corpos" para mostrar ao capitão-mor. Cabral os recebeu em seu navio, "assentado em uma cadeira, bem-vestido, com um colar de ouro mui grande ao pescoço", os pés sobre um grande tapete – onde seus capitães se sentaram. A comunicação foi feita por gestos. Os intérpretes da expedição conheciam línguas europeias e orientais, mas jamais haviam ouvido os sons dos indígenas (que lhes pareceram grunhidos selvagens). Estes, por sua vez, nunca haviam visto europeus nem conheciam seus estranhos idiomas.

A situação levou cada grupo a interpretar os gestos do outro como podia e, principalmente, como desejava. Quando um dos indígenas apontou o colar de ouro no pescoço de Cabral e, a seguir, acenou para a terra, os portugueses, ávidos por metais preciosos, logo entenderam que ele queria dizer que havia ouro naquela terra. Dificilmente, porém, o gesto do nativo teria esse significado, pois, além de não existir ouro naquele trecho do litoral brasileiro, tampouco os indígenas usam joias. Jamais saberemos o sentido daquele gesto.

A primeira missa

No domingo, 26 de abril, o capitão-mor determinou que fosse celebrada uma missa, a primeira rezada no Brasil, num ilhéu*, hoje conhecido como Coroa Vermelha. Ali foi construído um altar, onde uma multidão de quase 1.500 portugueses participou da cerimônia, oficiada por frei Henrique com a ajuda dos outros sacerdotes da expedição. Junto do altar estava a bandeira de Cristo que Cabral carregara desde a missa realizada em Belém, antes de a esquadra partir de Portugal.

Acomodado em uma cadeira alta, frei Henrique pregou sermão para os navegantes, sentados na areia da praia; citando trechos do Evangelho, interpretou a chegada dos navios àquela terra como obedecendo a um sinal da cruz, a um plano e desejo de Deus. Durante a missa, os nativos ficaram na praia, com seu arcos e flechas, olhando curiosamente; após a cerimônia, dançaram, saltaram e tocaram instrumentos musicais.

Nos dias seguintes, enquanto os portugueses faziam várias tarefas, como lavar roupa, colher água e lenha. Cabral mandou dois carpinteiros construírem uma grande cruz de madeira, sob os olhares sempre curiosos dos indígenas, principalmente por causa dos diversos instrumentos de ferro usados pelos navegantes.

A segunda missa

No dia 1º de maio, os portugueses, cantando, carregaram em procissão a grande cruz. Depois, pregaram nela o escudo das armas e a divisa do rei D. Manuel e fincaram-na num local da praia, a cerca de 1 quilômetro de onde fora rezada a primeira missa. Ao lado da cruz, rodeada de europeus e indígenas, ergueram um altar, onde foi rezada a segunda missa, também seguida de sermão. Cerca de 60 indígenas acompanharam a cerimônia, ora sentados, ora ajoelhados, imitando os portugueses. Acabada a pregação, Nicolau Coelho e frei Henrique distribuíram cruzes de estanho e crucifixos para cerca de 50 nativos que, ensinados pelos cristãos, levantaram as mãos para o céu, beijando os objetos religiosos.

Museu Nacional de Belas Artes, Rio de Janeiro

Elevação da cruz para a segunda missa, em Porto Seguro (BA), quando Nicolau Coelho distribuiu cruzes aos indígenas. Óleo sobre tela de Pedro Peres (1879).

Tais gestos foram interpretados como sinais de que os indígenas, gente inocente, boa e simples, aceitariam com facilidade a religião católica, bastando que entendessem a língua portuguesa. Os padres acharam que os indígenas não tinham religião – ao contrário dos católicos e dos muçulmanos, eles pareciam não dispor de templos, sacerdotes, livros sagrados ou objetos de idolatria, sinais que os europeus costumavam relacionar à existência de religiões. Isso, pensavam os portugueses, facilitaria a pregação do cristianismo entre os indígenas: "o melhor fruto que nela [nessa terra] se pode fazer será salvar esta gente", escreveu Caminha. "Esta deve ser a principal semente que Vossa Alteza nela deve lançar".

Festa

Houve momentos de muita alegria e boa convivência entre os portugueses e os indígenas. Um deles, acontecido no dia 1º de maio de 1500, foi assim descrito por Pero Vaz de Caminha:

> *Além do rio andavam muitos deles [indígenas], dançando e folgando, uns diante outros, sem se tomarem pelas mãos; e faziam-no bem. Então, Diogo Dias – [...] que é homem gracioso e de prazer – passou-se além do rio; levou consigo um gaiteiro nosso com sua gaita e meteu-se com eles a dançar, tomando-os pelas mãos. Eles folgavam, riam e andavam com ele muito bem, ao som da gaita. Depois de dançarem fez-lhes ali, andando no chão, muitas voltas ligeiras e salto real, de que eles se espantavam e riam e folgavam muito.*

Museu Nacional de Belas Artes, Rio de Janeiro

A primeira missa rezada no Brasil, segundo a visão do pintor Victor Meirelles. Óleo sobre tela de 1860.

A PRIMEIRA MISSA NO BRASIL E NOSSOS PINTORES

A primeira missa no Brasil, celebrada em 26 de abril de 1500 e relatada na carta de Pero Vaz de Caminha, serviu de inspiração a artistas brasileiros. Em meados do século XIX, quando estudava belas-artes em Paris, Victor Meirelles pintou o belo quadro *Primeira missa no Brasil*, estimulado por seu amigo, o escritor romântico Araújo Porto Alegre, que lhe escrevia do Brasil: "Leia cinco vezes o Caminha, que fará uma coisa

Reprodução autorizada por João Candido Portinari. Coleção Banco Boavista, Rio de Janeiro

Uma reinterpretação da primeira missa, no painel (têmpera sobre tela) pintado por Candido Portinari, 1948.

digna de si e do país". O quadro de Meirelles ressalta a natureza exuberante do país e a ação dos religiosos portugueses, que ocupam o centro iluminado da tela, enquanto os índios, ajoelhados na penumbra, são apenas figurantes obedientes. Quase 100 anos depois, em 1948, o pintor modernista Candido Portinari inspirou-se no mesmo tema para produzir um quadro completamente diferente. Com o objetivo de ressaltar a dominação portuguesa sobre o país e seus nativos. Portinari retratou um cenário urbano, inteiramente povoado por homens brancos, e onde não há um único índio. "São os poderes da arte fabricando a história", concluiu o historiador Jorge Coli, falando sobre a capacidade que a arte tem de recriar de vários modos a história.

Museu Nacional de Belas Artes, Rio de Janeiro

Departamento de Cartas e Planos da Biblioteca Nacional. Paris, França.

Mapa de Lopo Homem (intitulado Terra Brasilis), um dos primeiros a mostrar detalhes do litoral brasileiro (1519).

CONHECENDO OS HABITANTES DO BRASIL NO SÉCULO XVI

Quando os portugueses chegaram aqui, no século XVI, nosso país era habitado por muitos e diversos povos indígenas, com línguas e costumes diferentes entre si. Em 1500, predominavam em todo litoral brasileiro os índios da língua tupi denominados Tupinambá, que, conforme a região, também recebiam outros nomes. Os Tupinambá da região de Porto Seguro, com os quais Cabral manteve contato, chamavam-se Tupiniquim; os da região do Rio de Janeiro, Tamoio. Estudos recentes, de antropólogos, arqueólogos e historiadores, somados aos relatos de europeus do século XVI, permitem conhecer alguns dados sobre os primeiros donos do Brasil.

Astronomia – Os Tupinambá conheciam o céu e as estrelas, davam nomes às constelações (Macaco, Urubu, Maxilar, etc.), previam a chegada das chuvas lendo as estrelas e faziam relação entre as marés e a Lua.

Extermínio – Muitos grupos indígenas, com toda a sua cultura, foram inteiramente exterminados, desaparecendo da Terra, em razão das epidemias de doenças trazidas pelos europeus e africanos – contra as quais seus organismos não tinham defesa (como varíola, febre amarela, sarampo, catapora, gripe, difteria, coqueluche, tuberculose, hepatite, etc.) – e à violência dos contatos. É o caso dos Tupiniquim, encontrados por Cabral, que já em 1570 estavam extintos.

Nos tempos atuais, alguns indígenas até suicidam-se, por causa das difíceis condições de vida.

Idioma – Os nativos brasileiros falavam de mil a 1.500 idiomas; atualmente são cerca de 170. A língua mais conhecida e estudada é a tupi, além de uma variação dessa mesma língua, que é o guarani (por isso, às vezes chamada de tupi-guarani). Nenhum dos idiomas falados pelos indígenas tinha representação escrita, ou seja, eles eram ágrafos.

Lei – Os primeiros registros europeus afirmavam que os nativos não possuíam rei nem lei. De fato, eles não tinham rei, mas havia chefe e leis para ordenar a vida doméstica, política e social. Os homens tinham suas próprias tarefas, bem como as mulheres; e os costumes e as tradições eram muito respeitados pelos indígenas.

População – Há vários cálculos sobre a população indígena; o antropólogo Mércio Pereira Gomes calculou cerca de 5 milhões, dos quais 1 milhão de Tupinambá no litoral brasileiro. Atualmente, cerca de quinhentos anos depois, há no país aproximadamente 300 mil índios, ou 6% do que havia. De todo modo, há alguns sinais positivos, pois em 1955 eles eram apenas 100 mil.

Propriedade – Ao contrário do que pensavam os europeus, os indígenas possuíam noção de propriedade, que era aplicada diferentemente, conforme as sociedades indígenas. A terra, de modo geral, era considerada pertencente a todos, mas não determinados objetos, como arcos e flechas. O que eles realmente desconheciam era a ideia de acumular bens e riquezas.

Religião – Os europeus julgaram que os indígenas não tivessem religião, o que não é verdade. Eles tinham sentimentos religiosos, crenças, mitos e rituais; acreditavam em um ser supremo e possuíam explicações especiais para os fenômenos da natureza e os que consideravam sobrenaturais.

Saúde – Os relatos europeus do século XVI elogiaram o vigor físico e saúde dos nativos brasileiros, que chegavam a viver até 100 ou 120 anos, segundo os cronistas. O Censo de 2010 mostrou que grande parte dos 818 mil índios brasileiros está doente, vítima de malária, tuberculose, gripe, hepatite, Aids, etc.

Service Historique de la Marine, Vincennes, França. The Bridgeman Art Library/Keystone

Os portugueses achavam que os nativos tinham corpo bonito e espírito inocente, como também expressa a gravura de Theodore de Bry, de 1592, na qual aparecem indígenas dançando durante uma celebração.

4. A ilha encantada da Cruz

Viagem de Cabral de Portugal até o Brasil e o sul da África

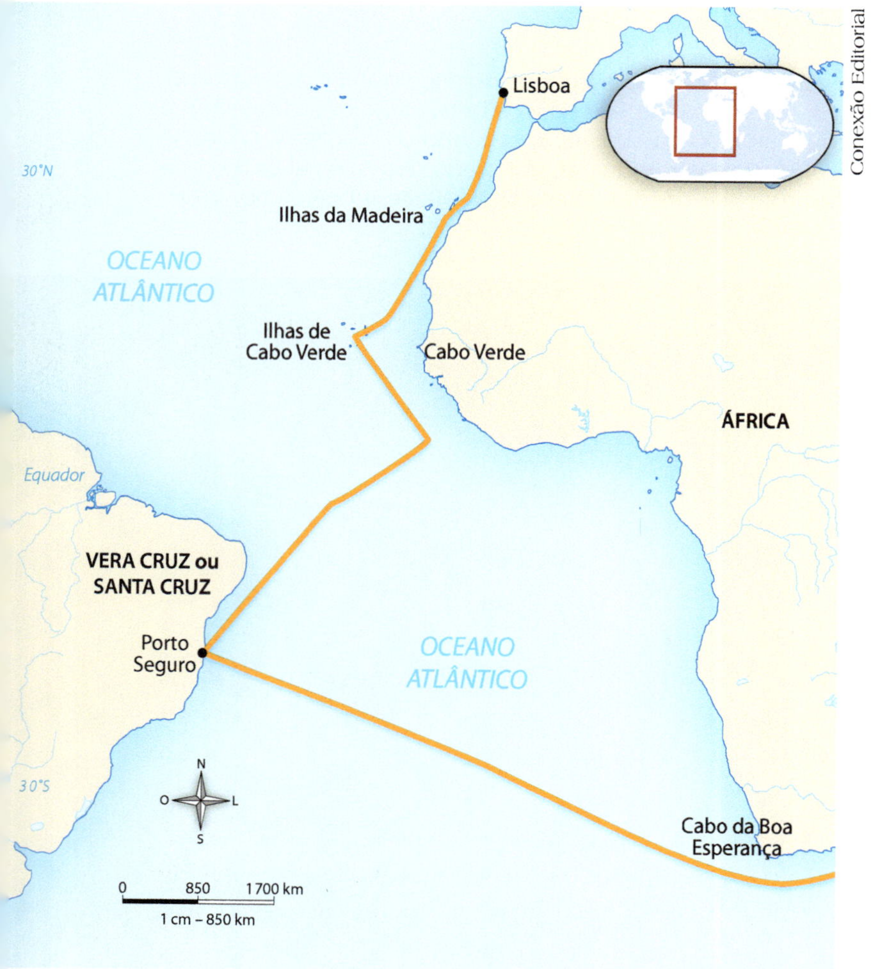

Adaptado de: ALBUQUERQUE, Manoel Maurício de et al. *Atlas histórico escolar*. 7. ed. rev. e atual. Rio de Janeiro: Fename, 1977. p. 100.

Durante os dias passados em Vera Cruz, Cabral e os navegadores fizeram muitas descobertas sobre a terra e os seus habitantes. Alguns aventuraram-se pelo interior, acompanhando os nativos, para descobrir onde e como moravam. Alimentaram-se de bons e fartos peixes, de palmitos e de pães feitos de mandioca (erroneamente identificada como inhame, raiz usada na África e já conhecida dos portugueses), parecidos com os pães árabes. A maioria trocou as bugigangas que trouxera por produtos nativos para levá-los a Portugal como lembrança.

Impressões dos europeus sobre a terra

Os navegantes, sem saber se haviam chegado a um continente ("terra firme") ou a uma ilha, chamavam o local às vezes de Ilha de Vera Cruz e, às vezes, de Terra de Santa Cruz. De qualquer modo, o símbolo da cruz batizava a terra, como já marcava as velas dos navios portugueses. Em virtude da grande extensão de litoral, contudo, a maioria acreditava estar em "terra firme". Era uma terra abundante em árvores de vários tipos e água doce, de clima ameno, onde havia algodão, mandioca, palmeiras, uma espécie de milho e numerosos peixes. Impressionava-os a variedade de pássaros, especialmente os papagaios de várias cores e as araras, grandes como galinhas, de cujas penas os indígenas faziam enfeites de todos os tipos, inclusive cocares, que os portugueses chamaram de "chapéus" e "barretes". Não viram animais ferozes, nem quadrúpedes ou animais domésticos, como porcos, ovelhas, cachorros, vacas ou galinhas. Para sua grande decepção, naquela terra aparentemente não havia metais preciosos. Os nativos nem sequer conheciam o ferro: para cortar a madeira, usavam pedras afiadas.

Impressões sobre os Tupiniquim

Na carta enviada ao rei D. Manuel, o escrivão Pero Vaz de Caminha registrou algumas características daqueles seres que lhe pareciam tão diferentes e estranhos e que habitavam terras tão longínquas. São informações preciosas sobre o primeiro grupo indígena do Brasil a ser contatado – e o primeiro, também, a ser exterminado. Vejamos alguns trechos da carta de Caminha, em que ele trata do aspecto físico desses indígenas e de alguns de seus costumes:

> *A feição deles é serem pardos, à maneira de avermelhados, de bons rostos e bons narizes, bem-feitos [...] seus cabelos são corredios. [...]*
>
> *Andam nus, sem nenhuma cobertura, nem estimam cobrir nenhuma coisa, nem mostrar suas vergonhas: acerca disso, estão em tanta inocência como têm em mostrar o rosto. [...]*
>
> *Parece-me gente de tal inocência que – se algum deles entendesse, e eles [entendessem] a nós – seriam logo cristãos, porque eles não têm nem entendem de nenhuma crença, segundo parece.*
>
> *Traziam furados os beiços de baixo, e metidos neles ossos, ossos brancos, do comprimento da palma de uma mão e da grossura de um fuso de algodão, agudo na ponta como furador; metem-nos pela parte de dentro do beiço [...] e de tal maneira o trazem ali encaixado que [...] não [...] lhes turva* a fala, nem o comer, nem o beber. [...]*
>
> *Andavam todos tão dispostos e tão bem-feitos e galantes com suas tinturas [...]. Andavam tintos de tintura vermelha, pelos peitos, espáduas e pelos quadris, coxas e pernas, até abaixo [...]. A tintura era tão vermelha que a água não a comia nem desfazia; antes, quando saía da água, era mais vermelho. [...]*

Ismar Ingber/Pulsar

Diversas sociedades indígenas produzem com o urucum uma tinta para enfeitar o corpo e tingir fibras.

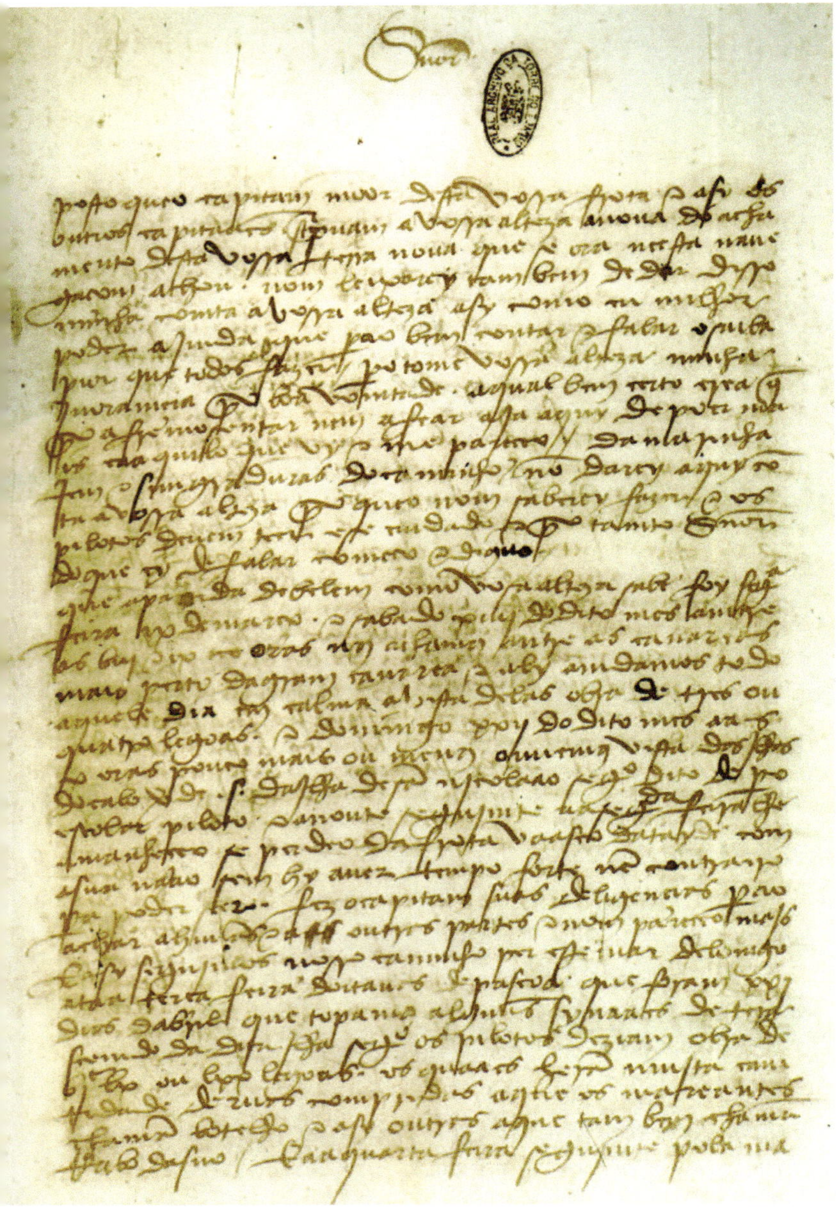

Arquivo da Torre do Tombo, Lisboa.

Uma das catorze folhas da carta de Caminha.

Muito inhame (mandioca) e outras sementes que há na terra, que eles comem (...) e frutos que a terra e as árvores lançam de si (...) E com isso andam tão rijos que não o somos nós tanto, embora comamos trigo e legumes.

As casas (...) eram tão compridas, cada uma como esta nau capitânia; e eram (...) cobertas de palha de razoável altura, sem nenhum repartimento. (...) Em cada casa se acolhiam trinta ou quarenta pessoas.

Dentro (da casa) tinham muitos esteios; e de esteio a esteio, uma rede atada pelas extremidades em cada esteio, altas, em que dormiam.*

Têm redes, são grandes pescadores e pescam peixes de muitas espécies.

Os arcos são pretos e compridos; e as setas (flechas) são compridas.

Aviso ao rei

Pedro Álvares Cabral decidiu avisar o rei D. Manuel sobre o encontro daquela terra. Para isso, enviou a Lisboa o navio de mantimentos, que já se encontrava vazio, sob o comando de Gaspar de Lemos. Nesse navio, seguiram várias cartas (inclusive uma de Cabral), contando a viagem e descrevendo a terra e o povo encontrados. Infelizmente, apenas duas dessas correspondências, ambas datadas de 1º de maio de 1500, foram conservadas. São a extensa e minuciosa carta de Pero Vaz de Caminha e a curta carta do médico e astrônomo Mestre João, que se refere a aspectos astronômicos da viagem e, pela primeira vez, descreve a constelação do Cruzeiro do Sul.

Antes de partir, Cabral deixou no Brasil dois degredados. Caso sobrevivessem, eles deveriam aprender as línguas e os costumes dos nativos, a fim de ajudar nas próximas expedições portuguesas que por ali chegassem. Abandonados pelos seus na terra distante, Afonso Ribeiro e o outro degredado, cujo nome desconhecemos, começaram a chorar. Foram consolados pelos indígenas, que mostraram ter piedade deles.

No dia 2 de maio de 1500, 10 dias após haver avistado a terra americana, a armada de Cabral continuou sua viagem, rumo à mítica, rica e tão desejada Índia.

Entre os indígenas ficaram dois degredados.

Gravura de Theodore de Bry, de 1592. Service Historique de la Marine, Vincennes, França. The Bridgeman Art Library/Keystone

5. Após a tragédia, a outra África

Palazzo Vecchio, Florença, Itália. Album/akg-images/Rabatti-Domingie/Akg-Images/Latinstock

Cabo da Boa Esperança, na extremidade sul da África, em um mapa de 1576.

Depois de deixar aquele estranho país de gente nua e pássaros coloridos, os navios começaram a fazer a "volta da terra", isto é, a avançar para a costa africana, rumo a sudeste, em direção ao cabo da Boa Esperança, sul da África (observe a rota na página 20). A esquadra atravessou cerca de 7.200 quilômetros do oceano Atlântico e, no dia 12 de maio, os portugueses avistaram um cometa, com imensa cauda – talvez fosse um aviso de tragédia, como se pensava na época. O cometa permaneceu à vista de todos durante oito dias.

A fúria do mar

No dia 20 de maio, quando a esquadra já estava próxima ao cabo da Boa Esperança, surgiu de repente um tufão, provocando violentas ondas oceânicas que rapidamente engoliram quatro navios da esquadra com toda a tripulação. Desapareceram para sempre no mar os navios comandados por Bartolomeu Dias, Luís Pires, Aires Gomes da Silva e Simão de Pina, enquanto o navio de Diogo Dias, desorientado, desgarrou-se dos outros. As seis embarcações restantes enfrentaram grande perigo. Como registrou um documento anônimo do século XVI: "E o mar enfureceu-se de tal modo que parecia que caminhávamos sobre os céus".

O mar continuou enfurecido, e o forte temporal separou os navios uns dos outros. O navio de Cabral e mais dois seguiram por um caminho, enquanto os três navios restantes foram para outro lado. A terrível tempestade durou vinte dias.

Enfim, o outro lado da África

Com muito sacrifício, os portugueses conseguiram passar do oceano Atlântico para o Índico, da África Ocidental para a Oriental, que pouco conheciam e chamavam de "Arábia". Em 16 de junho, aproximaram-se da longa costa do atual país Moçambique, perto da rica cidade de Sofala. Nessa região, descansaram, pescaram muitos peixes e observaram que a terra era bastante fértil, com grandes rios e numerosos animais.

Os portugueses encontraram dois navios muçulmanos carregados de ouro, que seguiam para Melinde, cidade situada mais ao norte do litoral africano. Ao perceber a presença dos portugueses, os muçulmanos, assustados, jogaram parte do ouro ao mar e tentaram fugir. Cabral apreendeu os navios e aprisionou o capitão-mor, perguntando-lhe quem era. O muçulmano respondeu-lhe:

Album/akg-images/Akg-Images/Latinstock

Moçambicanos e etíopes, em gravura do holandês Joannes Doetechum, a partir de desenho de Jan Huygen van Linschotenannes Doetechum (1614).

– Sou mouro*, primo do rei de Melinde. Os navios são meus e venho com o ouro de Sofala. Na pressa da fuga, morreram afogados minha mulher e meu filho.

Quando soube que o mouro era parente do rei de Melinde, Cabral ficou muito atrapalhado, pois aquele monarca se mostrara bastante amigo dos portugueses, quando Vasco da Gama lá estivera. Como Cabral tinha ordens para reforçar os laços com os aliados, e não para afastá-los, devolveu ao mouro os dois navios, com todo o ouro restante, fazendo-lhe muitas honras. O mouro ainda perguntou a Cabral se ele teria na tripulação algum mago, capaz de recuperar o ouro jogado ao mar. Cabral respondeu-lhe:

– Somos cristãos, e entre nós não se costuma praticar tal coisa.

O mouro deu informações sobre a rica cidade de Sofala (que Cabral, cumprindo ordens do rei, devia visitar), dizendo que ali havia uma mina com muito ouro. Cabral despediu-se.

Coleção Banco Boavista, Rio de Janeiro

As ilhas de Moçambique e de Quíloa

Rumando para o norte, em 20 de julho, a esquadra chegou à ilha de Moçambique. Dotada de bom porto, próxima ao continente, Moçambique pertencia ao rei de Sofala e era povoada por ricos mercadores. Ali a expedição de Cabral abasteceu-se de água, lenha e comida, antes de seguir viagem. Mais tarde, Portugal colonizou Moçambique, que permaneceu sob seu domínio durante séculos, até o ano de 1975.

Em 26 de julho, a armada chegou à pequena ilha de Quíloa, mais ao norte, também próxima ao continente. Havia ali uma bonita cidade, com casas altas, bastante povoada, principalmente por mercadores árabes e indianos vestidos com finos panos de seda e de algodão, que negociavam ouro, prata, âmbar, almíscar e pérolas. Encantado, Cabral enviou nove homens bem-vestidos para terra, para avisar ao governante que eram representantes do rei de Portugal e que lá estavam para negociar. Num encontro festivo, acompanhado de música, o rei de Quíloa e Cabral acertaram as negociações. Mas, informado de que os portugueses eram piratas ou maus mercadores, o rei voltou atrás, dizendo que não necessitava das mercadorias lusas. Cabral ainda insistiu durante três dias, até seguir para Melinde.

Melinde amiga

Em 2 de agosto, a frota chegou a Melinde, no atual Quênia, onde, tal como acontecera à frota de Vasco da Gama, os portugueses foram muito bem recebidos pelos nativos. Estes ofereceram patos, galinhas, carneiros, laranjas e limões, que alimentaram a tripulação, e curaram os doentes de escorbuto, terrível doença causada pela carência de vitamina C.

Cabral entregou cartas e ricos presentes de D. Manuel ao rei de Melinde, que, agradecido, cumulou de honras a comitiva portuguesa durante cinco dias. No dia 7 de agosto, após deixar na terra dois degredados para aprenderem a língua e os costumes locais, o capitão-mor, guiado por piloto cedido pelo rei, partiu rumo a Calicute, na Índia.

Akg-Images/Latinstock

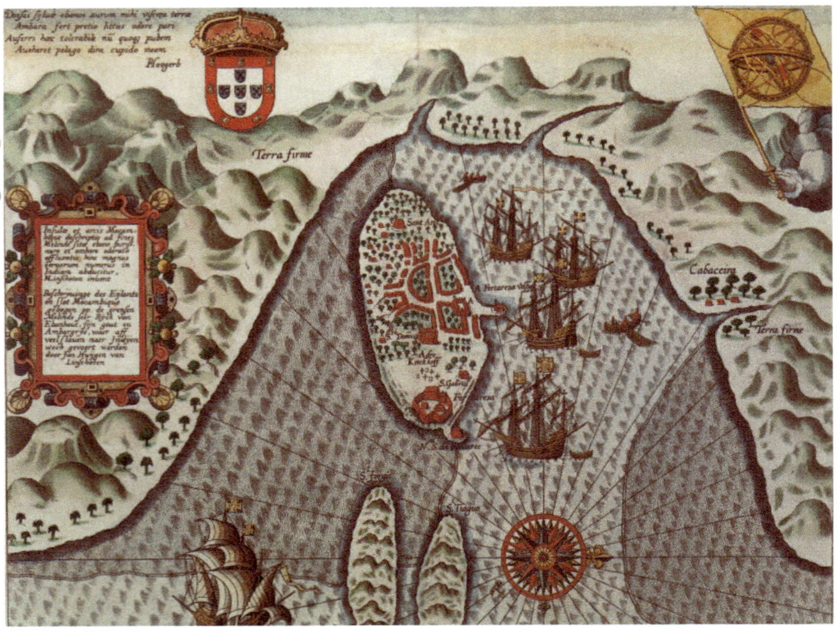

Gravura em cobre da baía e da ilha de Moçambique, em mapa do holandês Jan Huygen van Linschoten, publicado em 1596.

Roteiro de Cabral no Índico, rumo a Calicute

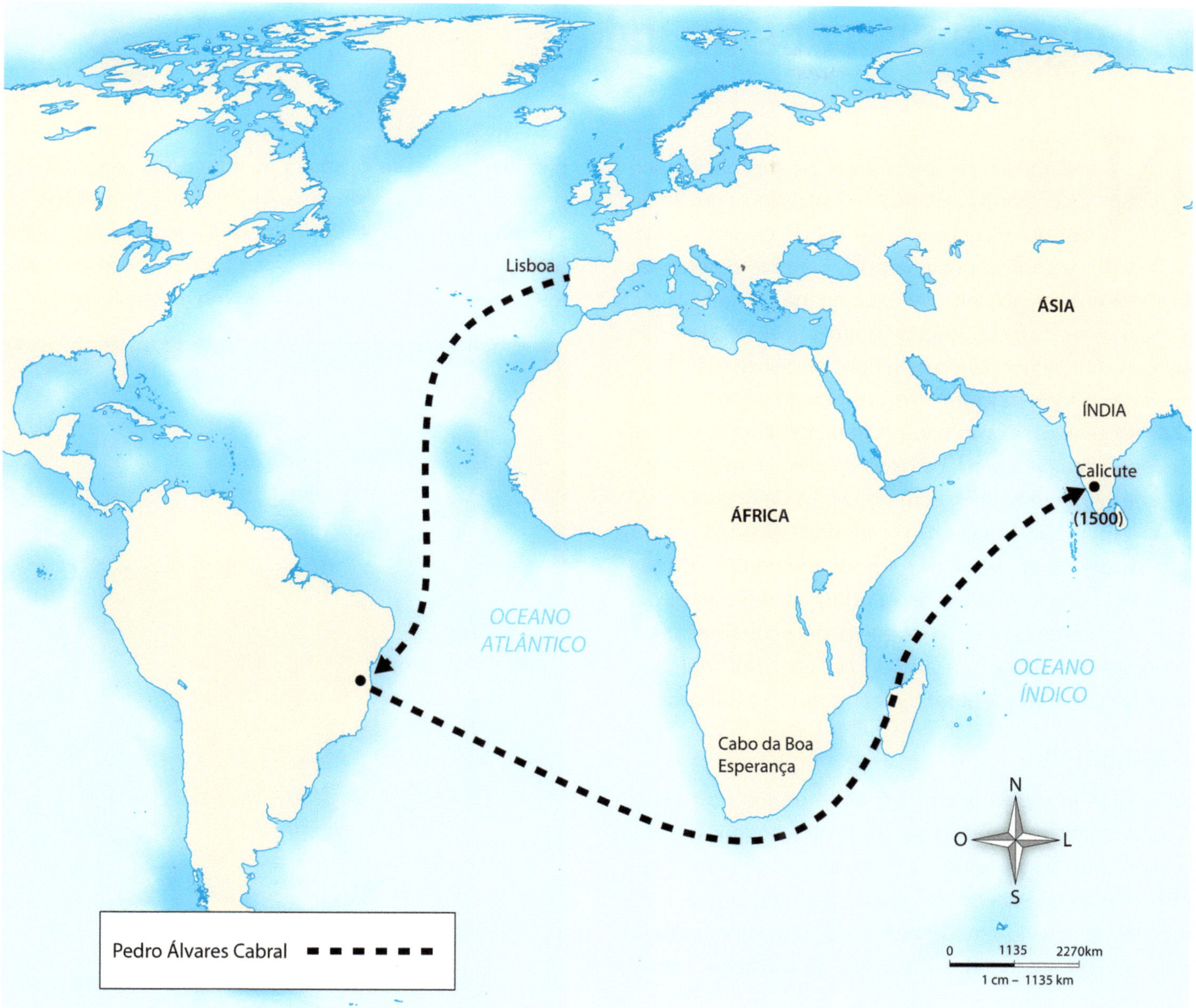

Adaptado de: ALBUQUERQUE, Manoel Maurício de. *Atlas histórico escolar.* 8a. ed. Rio de Janeiro: FAE, 1991.

6. Brigas e acordos na Índia

Akg-Images/Latinstock

Navegando sem problemas, os seis navios portugueses chegaram ao litoral da Índia em 22 de agosto, alcançando, ao sul de Goa, a pequena ilha de Angediva, próxima ao continente e cerca de 415 quilômetros ao norte de Calicute, na Costa Malabar, a costa oeste da Índia. Ali ancoraram, abastecendo-se de água e lenha, e permaneceram durante quinze dias, à espreita de navios muçulmanos em peregrinação a Meca, para saqueá-los. Como não passou por ali nenhum navio, seguiram para o sul, na direção da rica e movimentada Calicute, aonde chegaram no dia 13 de setembro de 1500, seis meses depois de partiremde Lisboa.

Após obter licença para desembarcar, Cabral mandou para a terra Afonso Furtado e um intérprete, que explicaram ao rei o objetivo da esquadra: fazer negócios e assinar um acordo de paz. Foi marcado um encontro entre Cabral e o samorim* de Calicute.

O encontro

Após três dias acertando troca mútua de reféns, para segurança dos dois lados, o capitão-mor desembarcou com trinta homens e presentes para o samorim, deixando Sancho de Tovar em seu lugar. Este recebeu no navio cinco nobres da terra, acompanhados de 100 soldados e cerca de 30 músicos. Cabral encontrou-se com o samorim numa luxuosa casa de praia, em meio a cerimônias pomposas. O capitão-mor mandou ler, em árabe, a carta de D. Manuel propondo aliança entre os dois monarcas e entregou os presentes ao samorim, que se mostrou muito satisfeito.

Newberry Library, Chicago, USA

Gravura de 1572 (de Frans Hogenberg e George Braun), mostrando Calicute, grande empório da Índia.

Os negócios

Depois de novos acertos sobre troca de reféns, com muita desconfiança dos dois lados, o feitor Aires Correia foi enviado a terra, para comandar, em uma pequena feitoria, as negociações com os mercadores indianos. Após dois meses e meio de muito trabalho, concluiu-se um tratado de paz e amizade. O samorim mandou redigir carta em folha de prata batida, com selo de ouro, para ser entregue a D. Manuel, e a feitoria lusa foi mudada para uma casa maior, onde, pela primeira vez na Índia, se hasteou a bandeira com as armas do rei de Portugal. O feitor continuou a negociar com os comerciantes, para carregar os navios portugueses com valiosos produtos orientais.

A pedido do samorim, Cabral apreendeu um grande navio muçulmano, guardado por mais de 300 soldados, que transportava elefantes amestrados para a

O rei de Cochim (sobre o elefante) acompanhado de militares. Gravura em cobre do holandês Johannes van Doetechum.

guerra, e o entregou em Calicute, para surpresa e satisfação do governante indiano. Os navios portugueses, verdadeiras fortalezas ambulantes, não tinham rivais no Índico.

Ataque aos portugueses

Sob um clima de aparente calma e amizade, a situação em Calicute era, no entanto, cada vez mais tensa. Os influentes negociantes muçulmanos, senhores do rico comércio asiático, sentiam-se prejudicados com a presença de Portugal, um forte concorrente; por isso, pressionavam, de todas as formas, o samorim (que era de religião brâmane) para afastar os portugueses.

Em consequência, em dezembro o feitor Aires Correia havia conseguido carregar apenas dois navios. Todas as embarcações estavam apressadas para partir, por causa da chegada das monções – regime de ventos que sopram nessa região da Ásia, trazendo muita chuva –, que em breve impediriam a navegação pelo Índico. Navios muçulmanos começaram a negociar e a carregar especiarias antes dos portugueses. Diante das reclamações destes, o samorim deu ordens para aprisionar as embarcações mouras que tentassem zarpar primeiro. Cabral deteve um navio muçulmano que partia às escondidas, carregado de especiarias. Logo, todos os mercadores mouros, revoltados, agitaram a multidão, atacando a feitoria onde estavam Aires Correia e cerca de 80 portugueses. Depois de um combate feroz de cerca de três horas, os atacantes destruíram a feitoria, matando alguns de seus ocupantes. O feitor e outros tentaram fugir para o mar, onde os batéis da esquadra esperavam por eles. Não conseguiram: a multidão matou Aires Correia e mais 53 portugueses, entre eles, provavelmente, o escrivão Pero Vaz de Caminha.

Ataque dos portugueses

Nessa época, Cabral andava doente. Mesmo assim, ao saber dos acontecimentos, enfureceu-se e, após esperar um dia, em vão, por uma explicação do samorim, mandou prender 10 grandes navios que se achavam ancorados com cerca de 600 mouros e três elefantes. Ordenou que matassem a maioria e que fizessem o restante cativo; os elefantes foram mortos para servir de alimento, e os navios, depois de descarregados, foram queimados diante de uma Calicute apavorada. Na noite seguinte, Cabral ordenou que a esquadra se afastasse da praia e, durante a madrugada, bombardeou implacavelmente a cidade, matando muita gente.

A esquadra lusitana navegou depois para a cidade de Cochim, a cerca de 180 quilômetros ao sul de Calicute, aonde chegou em 24 de dezembro de 1500. Ali os portugueses ficaram cerca de 16 dias, carregando muitas especiarias e produtos valiosos, para satisfação de Cabral e do governante de Cochim, que era inimigo do samorim de Calicute. Cochim tornou-se um dos mais importantes pontos de apoio dos portugueses na Índia.

7. Regresso da expedição

Museu Nacional de Arte Antiga, Lisboa, Portugal

British Library, London, UK

Aquarela de cerca de 1636 representando Cochin, grande aliado dos portugueses.

Quando a esquadra portuguesa já estava quase totalmente carregada de valiosos produtos, o rei de Cochim informou a Cabral que cerca de 85 navios, com aproximadamente 25 mil homens, vinham de Calicute para atacá-lo, e ofereceu-lhe ajuda.

Há um relatório sobre a viagem de Cabral, escrito por um português anônimo, participante da expedição, denominado *Relação do piloto anônimo*. Esse relatório, a carta de Pero Vaz de Caminha e a do Mestre João são os três documentos preservados de autoria de membros da esquadra, sendo a *Relação do piloto anônimo* o único a descrever toda a viagem e também o único publicado ainda o século XVI. O português anônimo assim narrou a reação de Cabral diante da chegada dos 85 navios de Calicute:

> *Estando Pedro Álvares determinado a combatê-los (...) reparou que Sancho de Tovar, segundo-capitão, com a sua nau e outro navio, tinham ficado para trás, e, vendo assim que não estavam em ordem, resolveu com os outros capitães tomar o rumo de Portugal, para onde tínhamos o vento em popa (vento favorável). A armada de Calicute seguiu-nos todo aquele dia e uma hora depois de noite, até a perdermos de vista.*

A frota de Cabral navegou para o norte, passou por Calicute e, em 15 de janeiro, aportou em Cananor, onde permaneceu apenas por um dia, para abastecer-se de canela. Daí tomou o rumo de Melinde, atravessando o oceano Índico.

Desastre com Sancho de Tovar

No dia 12 de fevereiro à noite, próximo a Melinde, o grande navio carregado de Sancho de Tovar, que ia à frente, encalhou na praia e partiu-se. A tripulação salvou-se, mas a preciosa carga foi totalmente perdida. Cabral mandou queimar a embarcação e, com cinco navios, partiu depressa, pois o tempo não estava bom. A esquadra seguiu até a ilha de Moçambique, onde parou para abastecer, consertar os navios e descansar. Dali, Cabral mandou Sancho de Tovar, numa caravela pequena, para a ilha de Sofala colher informações, especialmente sobre a origem do ouro que lá se vendia e do qual se falava muito.

De Moçambique a Lisboa

Com quatro navios, o restante da esquadra rumou para o sul, sofrendo uma tormenta, que fez mais um navio desgarrar-se. Dobrou enfim o cabo da Boa Esperança, com tempo favorável, em maio de 1501, fazendo boa viagem pelo Atlântico até o Cabo Verde, onde ancorou em Beseguiche. Ali encontrou a expedição de três navios que o rei D. Manuel já enviara para explorar a terra de Vera – ou Santa – Cruz, e da qual fazia parte o florentino Américo Vespúcio.

Em Beseguiche, Cabral soube que o navio de Diogo Dias, perdido na viagem de ida durante o terrível temporal perto do cabo da Boa Esperança, contornara a ilha de São Lourenço (atual Madagáscar) e navegara até a entrada do mar Vermelho, chegando a uma cidade onde lhe tiraram

Museu Nacional de Arte Antiga, Lisboa, Portugal

Comerciantes, nobres e soldados na praça principal de Lisboa (chamada de Terreiro do Paço) ilustram a pujança do comércio português. Nesta pintura de 1650 também se veem o rio Tejo, o cais e à direita, em segundo plano, o Convento de São Francisco.

o batel e toda a tripulação. Restaram-lhe apenas seis homens doentes e famintos, que a muito custo conseguiram regressar.

Cabral enviara na frente o pequeno navio *Anunciada*, o mais rápido de todos, para dar notícia da viagem ao rei D. Manuel. Esse navio chegou a Lisboa no dia 23 de junho de 1501. Cerca de um mês mais tarde, em fins de julho, chegaram Cabral, com mais dois navios, e, um dia depois, Sancho de Tovar, com mais um navio retardatário, provavelmente o de Diogo Dias. Contando-se a embarcação comandada por Gaspar de Lemos, que retornara bem antes

com notícias sobre a Ilha de Vera Cruz, voltaram sete navios dos 13 que haviam partido um ano e três meses antes.

Apesar das perdas humanas e matérias da expedição, os navios voltaram tão carregados de produtos valiosos que os lucros foram altos. Uma terra desconhecida dos europeus fora encontrada e seria colonizada; novos locais da África e da Ásia haviam sido tocados; Portugal firmara seu poderio no oceano Índico, garantindo o cobiçado comércio com a Índia graças às alianças e às guerras – as quais mataram muita gente, tanto portugueses quanto asiáticos.

VOCÊ SABIA...?

Quando foi nomeado capitão-mor da esquadra que chegou ao Brasil, Pedro Álvares Cabral era conhecido sobretudo como Pedro Álvares de Gouveia, sobrenome de sua mãe.

Um dos navios da expedição de 1500, o pequeno *Anunciada*, não pertencia ao rei D. Manuel, mas a um nobre português e a três comerciantes italianos.

Em Vera Cruz, os indígenas pescaram um estranho peixe, descrito nos documentos da época como semelhante a um barril de vinho, com cabeça e pelos de porco, olhos pequenos, sem dentes e com orelhas e rabo do comprimento de um braço.

Os portugueses descobriram, nas cidades indianas de Cochim e Craganor, cristãos descendentes de pessoas convertidas na Índia pelo apóstolo São Tomé; o corpo de São Tomé fora sepultado em Meliapur, pequena cidade indiana da costa oriental.

O ouro de Sofala, a rica e bela cidade visitada por Sancho de Tovar na África Oriental, provinha de dois poderosos reinos do interior do continente: Zimbábue e Monomotapa.

Pensando que o samorim de Calicute era católico, o rei D. Manuel enviou-lhe, por Cabral, uma longa carta escrita em árabe, propondo uma aliança entre Lisboa e Calicute contra os muçulmanos. Na verdade, o samorim era de religião brâmane e abrigava em seu reino muitos comerciantes muçulmanos.

Os italianos gostavam de chamar nosso país de Terra dos Papagaios, em virtude da grande quantidade dessas belas aves coloridas que aqui habitavam.

Terra Nova foi outro nome pelo qual nosso país ficou conhecido na Europa, nos primeiros anos após a chegada de Cabral.

Quando, anos após a chegada dos navegadores, o nome do país foi mudado de Terra de Santa Cruz para Brasil – por causa do comércio do pau-brasil, muito abundante nas novas terras conquistadas –, vários portugueses, como o cronista João de Barros, mostraram-se indignados. Segundo eles, a troca do nome significava que Portugal passara a valorizar mais o comércio do que a religião.

The Bridgeman Art Library/Keystone

VOCABULÁRIO

BATEL — Bote, embarcação pequena.

CHÃO — Plano sem elevações.

DEGREDADO — Condenado pela Justiça a viver, por toda a vida ou durante algum tempo, fora do local de residência, às vezes em outro país.

ESTEIO — Aquilo que sustenta, apoio.

EVANGELHO — Textos que fazem parte do Novo Testamento, contendo os ensinamentos de Cristo e seus apóstolos.

FEITORIA — Construção destinada a comerciar e armazenar produtos.

ILHÉU — Pequena ilha.

LUZIDO — Vistoso, brilhante.

MOURO — Aquele que não tem a fé cristã; no século XV, designava sobretudo o muçulmano.

OITAVAS — Os oitos dias de comemoração da Páscoa; a semana seguinte à Páscoa, contando-se o domingo de Páscoa.

RIJO — Decidido, forte.

SAMORIM — Governante de reino indiano; na língua malabar, significa, literalmente, "senhor do mar".

TURVAR — Atrapalhar.

QUER SABER MAIS?

Se você quer aprender mais sobre os assuntos tratados neste livro:

Leia:

• Os outros livros de coleção "**Nas Ondas da História**" – escrito pelos mesmos autores e publicados também pela Atual Editora –, principalmente *Medo e vitória nos mares – perigos reais e imaginários nas navegações; A magia das especiarias – a busca de especiarias e a expansão marítima* e *A viagem de Vasco da Gama – entre festas e agonia*. Neles, de forma divertida e interessante, você poderá aprofundar seus conhecimentos sobre assuntos tratados neste volume.

• O texto completo da carta de Pero Vaz de Caminha, em linguagem atualizada, publicado por editoras brasileiras, como no livro: AMADO, Janaína, FIGUEIREDO, Luiz Carlos. *Brasil 1500 – Quarenta documentos*. Brasília: Editora da UNB, 2001.

Veja:

• O belo filme *O descobrimento do Brasil*, dirigido pelo cineasta Humberto Mauro.

BIBLIOGRAFIA

ABREU, Capistrano de. *O descobrimento do Brasil*. São Paulo: Martins Fontes, 2001.

ALBUQUERQUE, Luís de (org.). *O reconhecimento do Brasil*. Lisboa: Publicações Alfa, 1989.

ALBUQUERQUE, Manoel Maurício de. *Atlas histórico escolar*. 8. ed. Rio de Janeiro: FAE, 1991.

ALBUQUERQUE, Manoel Maurício de et al. *Atlas histórico escolar*. 7. ed. rev. e atual. Rio de Janeiro: Fename, 1977.

AMADO, Janaína; FIGUEIREDO, Luiz Carlos. *O Brasil no império português (1415 - 1580)*. Rio de Janeiro: Jorge Zahar Editor, 2000.

BETHENCOURT, Francisco; CURTO, Diogo Romada (dir). *A expansão marítima portuguesa, 1400 - 1800*. Lisboa: Edições 70, 2009.

BUENO, Eduardo. *A viagem do descobrimento*, Rio de Janeiro: Objetiva, 2006.

CORTESÃO, Jaime. *A expedição de Pedro Álvares Cabral e o descobrimento do Brasil*. 2. ed. Lisboa: Imprensa Nacional-Casa da Moeda, 1994.

GREENLEE, Willian Brooks. *Viagem de Pedro Álvares Cabral à Índia pelos documentos e relações coevas*. Porto: Livraria Civilização Editora, 1951.

GUEDES, Max Justo (coord.) *A viagem de Pedro Álvares Cabral e o descobrimento do Brasil, 1500 - 1501*. Lisboa: Academia da Marinha, 2003.

VAINFAS, Ronaldo (dir.). *Dicionário do Brasil Colonial, 1500 - 1808*. Rio de Janeiro: Objetiva, 2000.

NAS ONDAS DA HISTÓRIA – CONHEÇA OUTROS TÍTULOS

A magia das especiarias

Utilizadas desde a Antiguidade como condimentos, aromatizantes, remédios e afrodisíacos, as especiarias, nativas do Oriente, eram mercadorias valiosas. No século XV, seu comércio estimulou as primeiras expedições marítimas europeias para a Ásia, pois a oportunidade de lucro que representavam levava comerciantes tanto do Oriente como da Europa a negociarem-na com cobiça. Neste volume, o leitor descobre, num texto emocionante, como a vontade dos europeus de estabelecer contato com os mercados produtores de pimenta, açafrão, cravo e canela, entre outros artigos, promoveu uma revolução planetária. Iniciava-se, então, uma era de conquistas mundiais.

Medo e vitória nos mares: perigos reais e imaginários nas navegações

Os temores e o desejo de riqueza e aventura, que a partir do século XV impulsionaram as grandes navegações marítimas pelos oceanos Atlântico, Índico e Pacífico, são o tema central deste volume. Os monstros, reais e imaginários, as tempestades, os tipos de embarcação, as dificuldades enfrentadas pelos navegadores, os novos instrumentos náuticos que surgiam, os mapas elaborados à medida que as viagens prosseguiam, assim como as principais etapas da expansão e conquista portuguesas são tratados em um texto interessante e de fácil leitura, que se apoia, como toda a coleção, em farta iconografia, grande parte dela de época.

A viagem de Vasco da Gama: entre festas e agonias

Até que Vasco da Gama, o mais enaltecido entre os mestres lusitanos da navegação, conseguisse aportar em Calicute, foi preciso que muitas outras expedições fossem gradualmente contornando o continente africano, ultrapassando poderosos entraves, como os cabos Bojador e das Tormentas. Ao longo desse processo, muitos obstáculos reforçaram o medo de enfrentar o Atlântico. Porém, a possibilidade de enriquecer transportando mercadorias acabava superando essas ameaças e movia novas expedições.
A mais importante delas, comandada por Vasco da Gama, é o tema deste volume. Alguns dos assuntos tratados são: os preparativos para a viagem, as dificuldades e as negociações com chefes locais para se conseguir atingir a Índia, os percalços no retorno e as homenagens na chegada.

As viagens dos alimentos: as trocas entre os continentes

Um dos aspectos mais interessantes e curiosos das grandes navegações foi o intercâmbio cultural estabelecido entre os europeus e povos de diversas partes do mundo. As trocas culturais mudaram significativamente a fisionomia do mundo a partir de então. O livro destaca o intenso tráfego de vegetais e animais promovido pelos europeus a partir do século XV, e a incorporação, pelos diversos povos, de temperos e hábitos alimentares diferentes dos seus.
Repleto de curiosidades, a obra apresenta uma bela coletânea de iconografias, aguçando ainda mais os sentidos dos leitores. E oferece, de maneira saborosa, uma oportunidade de compreender a importância das expedições marítimas que trouxeram os portugueses para as terras que hoje chamamos de Brasil.

As viagens de Américo Vespúcio: descobertas no antigo Novo Mundo

Colombo foi o primeiro a chegar ao nosso continente, mas coube a Américo Vespúcio a glória de dar seu nome às novas terras. A vida desse cientista e homem de negócios, exímio navegador, influente em Portugal, Espanha e Florença, é o tema deste volume da coleção, com especial destaque para suas viagens marítimas, em 1501 e 1503.
Observador arguto, Américo Vespúcio deixou registros importantes sobre as sociedades indígenas e a natureza que encontrou no Brasil e na América do Sul, às vezes recorrendo ao exagero, mas sempre chamando a atenção dos leitores para a riqueza existente do outro lado do Atlântico. O trabalho de Vespúcio com a poderosa família Médici, sua ida para Sevilha e, mais tarde, para Lisboa, seu envolvimento com as navegações, a dura rotina nos barcos e a exploração do litoral da América do Sul são assuntos abordados neste livro, que conta com preciosa reprodução de trechos escritos pelo próprio Vespúcio.